7,50

Armin Täubner

# Fensterbilder zur Weihnachtszeit

W0242659

Frech-Verlag Stuttgart

Für eine gewerbliche Nutzung der gezeigten Modelle ist die Genehmigung des Verlags erforderlich.

Fotos:
Birgitt Gutermuth


| Auflage: | 5. | 4. | 3. | 2. | 1. | Letzte Zahlen maßgebend |
|---|---|---|---|---|---|---|
| Jahr: | 1991 | 90 | 89 | 88 | | |

ISBN 3-7724-1241-6 · Best.-Nr. 1241





frech-verlag
GmbH + Co. Druck KG Stuttgart
Druck: Frech, Stuttgart 31

*Fensterbilder aus Tonpapier und Tonkarton sind so aktuell, und es gibt dazu auch schon so viele Anleitungen, daß es sich wohl erübrigt, erneut Grundlegendes über Material und Arbeitsweise zu wiederholen.*

*Andererseits aber stoßen immer neue Kreise hinzu, so daß – wie ich weiß – diese Einleitung immer noch gewünscht wird.*

*Da das Basteln jetzt vor Weihnachten Hochsaison hat, begrüße ich ganz besonders diejenigen, die jetzt Muße haben, sich mit Fensterbildern zu beschäftigen.*

*Wer meine anderen Bücher über Fensterbilder kennt, mag die nächsten drei Seiten überblättern, für die anderen sind sie Voraussetzung für gute Ergebnisse.*

*Alle Vorlagen sind wieder in Originalgröße. Da es sich vorwiegend um kleinere Modelle handelt, sind die Vorlagen zum Teil direkt ins Buch integriert.*

*Armin Täubner*

Weder Tonpapier noch Tonkarton sind lichtecht, d.h. die Farben bleichen aus.
In Hochhausfenstern spielt die dem Fenster zugewandte Seite überhaupt keine Rolle. Wir hinterkleben zumindest aber die durchscheinenden Kartonstücke mit dunklem Tonpapier. Soll das Fensterbild eine Vorder- und eine Rückansicht haben, werden alle Kartonstücke doppelt ausgeschnitten und auf der Vorder- bzw. Rückseite angeklebt. Die Rückansicht des Fensterbildes ist seitenverkehrt. Bei weißen oder gelben Motiven muß wegen der Lichtdurchlässigkeit dunkles Tonpapier dazwischengeklebt werden.

## Tonkarton und -papier

Fensterbilder werden überwiegend aus Tonkarton gearbeitet. Tonkarton ist formstabiler und weniger lichtdurchlässig als Tonpapier. Die Lichtdurchlässigkeit spielt allerdings nur bei mehrfarbigen Fensterbildern eine Rolle. Werden Motive aus mehreren Papierteilen zusammengeklebt, sind die darunterliegenden Teile als scharf abgegrenzte, dunklere Bereiche sichtbar, was sich als überaus störend auf den Gesamteindruck auswirken kann. Tonpapier eignet sich für kleinformatige, einfarbige Fensterbilder. Je größer die Fensterbilder sind, desto wichtiger ist die Verwendung von Tonkarton, wobei unter Umständen sogar zwei Kartonteile aufeinandergeklebt werden müssen, um die benötigte Formstabilität zu erreichen. Bei mehrfarbigen Fensterbildern haben Teile aus Tonpapier vorwiegend dekorative Funktion, d.h. es werden nur kleine, nicht tragende Teile daraus gearbeitet, z.B. Blüten, Schmetterlinge etc.

## Schneidewerkzeug

Neben der Schere, an die wir unwillkürlich denken, wenn Papier geschnitten werden soll, gibt es noch verschiedene Messer und Klingen, die für manche Schneidearbeiten unerläßlich sind.

## Scheren

Für unseren Zweck kommen drei verschiedene Ausführungen in Frage:

- **Die spitze, mittelgroße Schere,** mit der die Motive aus Papier oder Karton zunächst grob und die Umrisse großenteils exakt ausgeschnitten werden.

- **Die spitze, kleine Schere,** mit der feinste Schnitte möglich sind. Sie ist jedoch für Tonkarton ungeeignet.

- **Die Nagelschere,** damit werden Rundungen und Wölbungen aus bereits ausgeschnittenen Figuren und Formen herausgeschnitten.

# Cutter- und Bastelmesser

Diese Messer haben eine lange, verschiebbare Klinge, von der jeweils das vordere Stück abgebrochen werden kann, wenn die Spitze stumpf bzw. abgenutzt ist.
**Schneidefedern** können ebenfalls verwendet werden.
Mit dem Messer können exakte Schnitte an den für Scheren schwer bzw. unzugänglichen Stellen ausgeführt werden. Vor allem, wenn aus einer bereits ausgeschnittenen Form, beispielsweise Fensteröffnungen oder Muster, herausgeschnitten werden sollen, kann auf das Messer nicht verzichtet werden. Rein technisch können diese Schnitte manchmal auch mit der Schere ausgeführt werden, doch bekommt der Tonkarton dann unerwünschte Druckstellen, Knicke oder unsaubere Ränder.
Wer etwas Übung mit dem Messer hat, gibt bei fast allen anfallenden Schneidearbeiten schon bald dem Messer gegenüber der Schere den Vorzug.
Die **Handhabung** ist sehr einfach. Das Messer wird wie ein Füllfederhalter oder ein Kugelschreiber gehalten und zügig über Papier und Karton geführt. Die Schneidefeder, die entweder in einem Federhalter oder einem Griffstück für Linolschnittwerkzeuge sitzt, wird ebenso gehalten.
Das **Teppichmesser** mit seinem breiten Griff und der ebenfalls breiteren Klinge läßt sich nicht so leicht und sicher handhaben, kann aber zur Not auch verwendet werden.
Als **Schneideunterlage** dient ein Karton oder ein Holzbrett. Ist die Unterlage durch viele Schnitte zerfurcht, besteht die Gefahr, daß die Klinge beim Ausschneiden abgelenkt wird. Deshalb die Unterlage rechtzeitig auswechseln.
Für lange, gerade Schnitte ist zusätzlich noch ein **Stahllineal** notwendig. Die Messerklinge wird auf eine Länge von 3 bis 4 cm herausgezogen und dadurch viel flacher auf das Papier bzw. den Karton aufgesetzt. Es gibt zwei Möglichkeiten, das Messer zu halten: Entweder so, wie man ein Schreibwerkzeug hält, nur erheblich flacher, oder, der Messergriff verschwindet fast vollständig unter der gewölbten Hand, während der Zeigefinger Druck auf die Klinge ausübt. Plastik- und Holzlineale eignen sich nicht, weil sie von der Klinge schnell verschrammt werden.

# Klebstoff

Für alle Klebungen ist hier der Pritt-Alleskleber geeignet. Sehr praktisch für Papier- und Pappklebungen ist aber auch der Pritt-Stift. Er sollte bei festem Karton satt aufgetragen werden (2-3mal), sonst genügt ein Strich über die Klebestelle.

# Pinzetten

Sie sind sehr hilfreich beim Handhaben kleiner Teile, beispielsweise beim Ausschneiden und Aufkleben von Nasen, Augen u.ä.

# Wäscheklammern

Mit ihnen werden frisch angeklebte Teile bis zur Trocknung des Klebstoffes fixiert und so am Verrutschen gehindert.

# Klammerhefter

Sollen zwei identische Teile aus Papier oder Karton ausgeschnitten werden, einfach zwei Lagen aufeinanderlegen, grob das Motiv ausschneiden und außerhalb des Umrisses beide Papiere bzw. Kartons mit einigen Klammern zusammenheften.

## Stanzen der Aufhängelöcher

Unter die zu durchstechende Kartonfigur einen oder besser mehrere dicke Kartons legen. Die markierte Einstichstelle entweder mit einem **Stechzirkel** oder einer **Radiernadel** durchstechen. Zur Not kann auch eine **Reißzwecke** verwendet werden. Reißzwecken haben jedoch den Nachteil, daß beim Einstechen die Einstichstelle verdeckt wird, so daß die Reißzweckenspitze zunächst schräg angesetzt werden muß.
Ist das Loch in der Kartonfigur erst einmal vorhanden, kann es ohne Kartonunterlage durch tieferes Einstechen und gleichzeitiges Drehen des Stechgegenstandes vergrößert werden.
Nachträglich können diese Löcher, vor allem bei großen Fensterbildern, mit der **Lochzange** erweitert werden.

## Radiergummi und Radierstift

Sie werden sowohl für das Entfernen der Bleistiftumrisse als auch für das Ausradieren von Klebstoffspuren benötigt.
Radierstifte sehen ähnlich wie Bleistifte aus und lassen sich ebenso anspitzen. Am besten eignen sich dafür Glasradiergummis. Aufgetrocknete Klebstoffflecken lassen sich mit dem Messer abkratzen, oder man klebt einfach einen kleinen Schmetterling, eine Blüte o.ä. darüber.

## Herstellen von Schablonen

Die Konturen werden mit spitzem Bleistift auf Transparentpapier übertragen und grob ausgeschnitten. Konturen von Fenstern, Kreisen und Halbkreisen evtl. mit Lineal bzw. Zirkel auf das Transparentpapier zeichnen.
Anschließend klebt man diese Umrisse auf stärkeres Papier und schneidet sie mit Schere oder Messer exakt aus. Mit Hilfe dieser Schablonen werden die Umrisse auf Tonkarton bzw. -papier übertragen und dann ausgeschnitten.

## Ausbalancieren der Figuren

Sie werden vorsichtig zwischen Daumen und Zeigefinger ausbalanciert. Wenige Millimeter vom Rand entfernt werden an den so gefundenen Stellen die Aufhängelöcher eingestochen.

## Aufhängefaden

In diesem Buch wird vorwiegend farblich passendes dünnes Nähgarn verwendet. Dünner Nylonfaden eignet sich nur für relativ schwere Kartonfiguren, denn er fällt nicht senkrecht, sondern er ringelt sich, wenn das Gewicht der Figuren zu gering ist.

## Nach oben gewölbte Kartonränder

Sie entstehen vor allem, wenn Kartonformen mit dem Messer ausgeschnitten werden. Mit dem Rücken des Zeigefingers, der an den Kanten entlang gezogen wird, lassen sich die gewölbten Schnittränder problemlos glätten.

## Lustige Schlittenfahrt

### Kind im roten Skianzug

Auf dem Anzug das Gesicht (durchgezogene Linie) und den Pelzbesatz (punktierte Linie) ankleben. Augen, Mund und Nase mit Bleistift leicht vorzeichnen und mit Filzstift nachziehen. Die grünen Säume auf Vorder- und Rückseite fixieren. Von hinten die Stiefel ankleben.

### Kind mit Mütze und Schal

Beidseitig am grünen Anorak zuerst das Gesicht, dann den Schal, den Mützenpompon und den Ärmelsaum befestigen. Am Anorak ein Hosenteil samt den beiden von hinten angeklebten Stiefeln fixieren. Nun von hinten das zweite rote Hosenteil anbringen.

### Schneemann

Auf den Schlitten beidseitig die beiden weißen Schneemannteile kleben. Hut und Schal ebenfalls auf Vorder- und Rückseite fixieren. Die Nase mit rotem Filzstift einfärben und Augen und Mund mit Filzstift einzeichnen.
Die Kinder und den Schneemann von vorn auf den Rahmen kleben. Der fliegende Vogel wird beidseitig am Rahmen festgeklebt.

## An der Weihnachtskrippe

Am blauen Rahmenbogen beidseitig das gelbe Bodenteil anbringen.
Marias Kopf durch das aufgeklebte Haar am Kleid befestigen. Von hinten das braune Schuhteil anbringen. Das Hand-Kindteil verbindet Maria und Josef mit dem Kind. Es wird von hinten am Kleid von Maria und am Mantel von Josef angeklebt. Josefs andere Hand, das Stiefelteil sowie den Kopf ebenfalls von hinten am Mantel fixieren.
Auf den braunen Kopf den rosa Gesichtsausschnitt kleben und das Auge mit feinem schwarzem Filzstift aufmalen.
Das Stroh auf die Futterkrippe kleben. Die Krippe so plazieren, daß sich das Stroh vor Marias Arm aber hinter dem Kind und Josefs Armen befindet. Das Kind mit der kleinen weißen Decke zudecken, und dann Josefs linke Hand aufkleben.

## Diesmal kommt er mit dem Ballon

**Ballon**
Auf den Ballon beidseitig das zuvor beschriftete weiße Schild und die Sterne kleben.

**Weihnachtsmann**
Auf dem Haar-Bartteil den rosa Gesichtsausschnitt befestigen. Augen, Nase und Mund mit Filzstift aufzeichnen.
Während die weißen Ärmelsäume und der Mützenpompon beidseitig aufgeklebt werden, kann das Haar-Bartteil mit dem Gesicht wahlweise einseitig oder beidseitig angebracht werden.

**Ballonkorb**
Zwischen den beiden weißen Korbteilen den Weihnachtsmann sowie die Tanne auf beiden Seiten fixieren. Den Korb beidseitig mit aufgeklebten Sternen verzieren.

Frohe
Weihnachten

# Kleiner Engel mit Glocke

Auf das Hemd beidseitig das gelbe Haar sowie das Gesicht kleben. Augen, Nase, Mund und Wangen mit Bleistift und rotem Farbstift aufmalen. Hände und Füße aufkleben. Die Klebestellen durch die gelben Säume verdecken.

Die Glocke besteht aus zwei Teilen, die entlang der gestrichelten Linie gefaltet werden. Bevor sie aufeinandergeklebt werden, wird noch ein Aufhängefaden eingeklebt. In die umgeschlagene Handfläche etwas Klebstoff streichen und den Goldfaden einlegen.

Das Foto zeigt, wie das Bild durch veränderte Farben und Einrahmungen abgewandelt werden kann.

# Die Heilige Familie

Die Kontur von Maria und Josef sind miteinander verschmolzen (durchgezogene Linie). Darauf die ebenfalls verbundenen Köpfe (gestrichelte Linie) und schließlich die Gesichter (punktierte Linien) kleben. Augen, Mund und Nase mit Bleistift schwach vorzeichnen und mit Filzstift nachziehen. Die Wangen mit rotem Farbstift einfärben.

Direkt an die Oberkante der Krippe das Kind legen und mit dem aufgeklebten Stroh fixieren. Von hinten an Maria und Josef die ovale Kartonscheibe kleben. Das Kind in der Krippe von vorn anbringen.

## Weißes Glockenpaar

Für das Ausschneiden der Schleifen und des Sterns ist das Messer unerläßlich.

Die Schleifen wie auf der Zeichnung anordnen und paßgenau auf Vorder- und Rückseite ankleben. Die Glocken an den markierten Stellen am Fensterrahmen aufhängen.

## Drei Engel verpacken Geschenke

Die Engel auf den Wolken anbringen. Sterne und mit Filzstift verzierte Päckchen an den Wolken befestigen.

## Engel am Himmelstor

Die Pfosten des Torrahmens beidseitig mit gelben Kuppeln verzieren. Unten ebenfalls auf Vorder- und Rückseite die Wolken anbringen.
Auf dem weißen Engelsrumpf (durchgezogene Linie) von vorn das Haar (strichpunktierte Linie) und darauf das Gesicht (punktierte Linie) kleben. Von vorn werden auch die Hände, der Gürtel sowie die gelben Säume angebracht.
An die beiden Kerzen den gelben Kerzenschein kleben und die roten Flammen aufmalen. Die Kerzen an den Händen befestigen.
Von hinten das zweite Haarteil, den Gürtel, die gelben Säume sowie die Flügel fixieren.

## Schlittenpartie

Bei beiden Engeln zunächst von vorn den Kopf (punktierte Linie) und das Haar (gestrichelte Linie) am weißen Rumpf befestigen. Von hinten die Hände und die Beine anbringen.
Einen Engel so auf den Schlitten setzen, daß die Klebestellen an Hand und Beinen verdeckt sind.
Die weiße Schnee- bzw. Wolkenfläche beidseitig auf den blauen Rahmen kleben.
Die Engel anbringen.
Auf der Rückseite ebenfalls die Gesichter und Haare befestigen.

# Engel im Bogenfenster
**Titelbild**

Auf den weißen Oberkörper von vorn und hinten die beiden gestrichelten Haarteile kleben. Die rechte Hand von vorn, die linke von hinten am Arm befestigen. Den Engel von hinten in den Rahmen kleben.
Mit weißem Transparentpapier das ganze Bild hinterkleben. Abschließend die gelben Sterne anbringen.

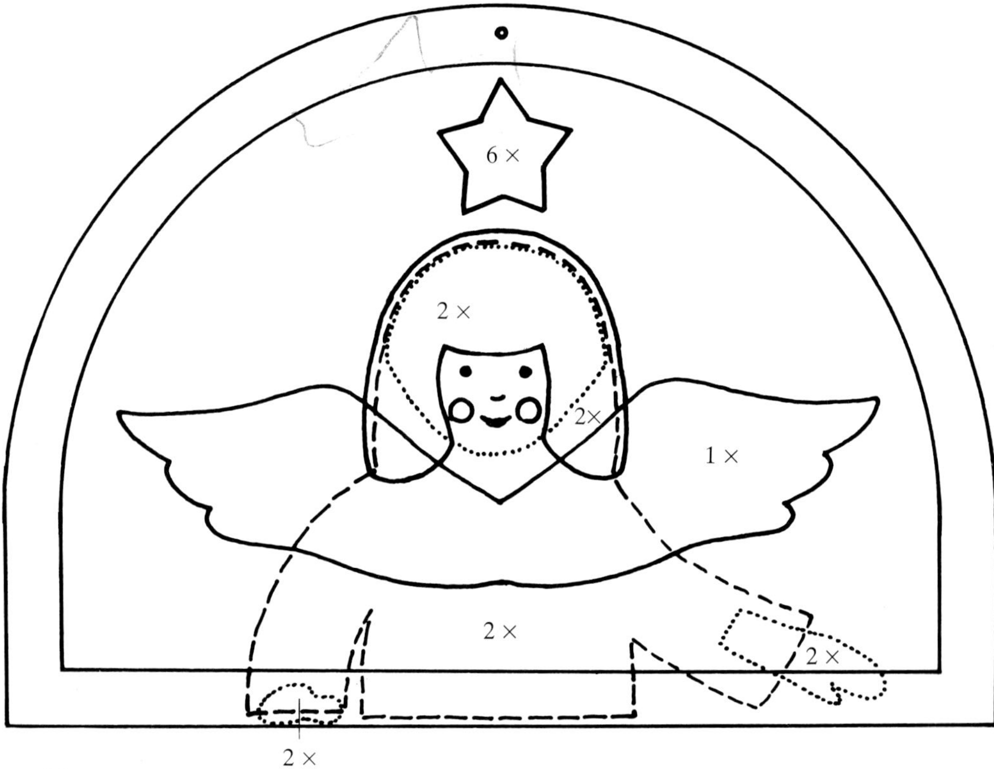

**Engelchen mit Kerze**
Beschreibung auf Seite 20

## Engelchen mit Kerze

Auf das Hemd zunächst das gelbe Haar (gestrichelte Linie) und dann das Gesicht (punktierte Linie) kleben. Augen, Mund und Nase mit Blei- oder Filzstift aufzeichnen. Hände und Beine anbringen und die Klebestellen durch gelbe Säume verdecken. Die Kerze ankleben und am oberen Ende den tropfenförmigen Kerzenschein befestigen. Mit Filzstift die Flamme aufzeichnen. Das Engelchen in den mit Sternen und Wolken verzierten Rahmen kleben.
Die Rückseite ebenso arbeiten.

## Häuschen im Schnee

Auf den Rahmen das grüne Haus (dicke, durchgezogene Linie) kleben.
Auf dem großen Doppelfenster und der Haustür weiße Scheiben fixieren. Die Fenster an der grünen Hauswand anbringen.
Die Schneeflächen und die Rauchwolke (gestrichelte Linien) aufkleben.
In derselben Reihenfolge die Rückseite des Fensterbildes bekleben.

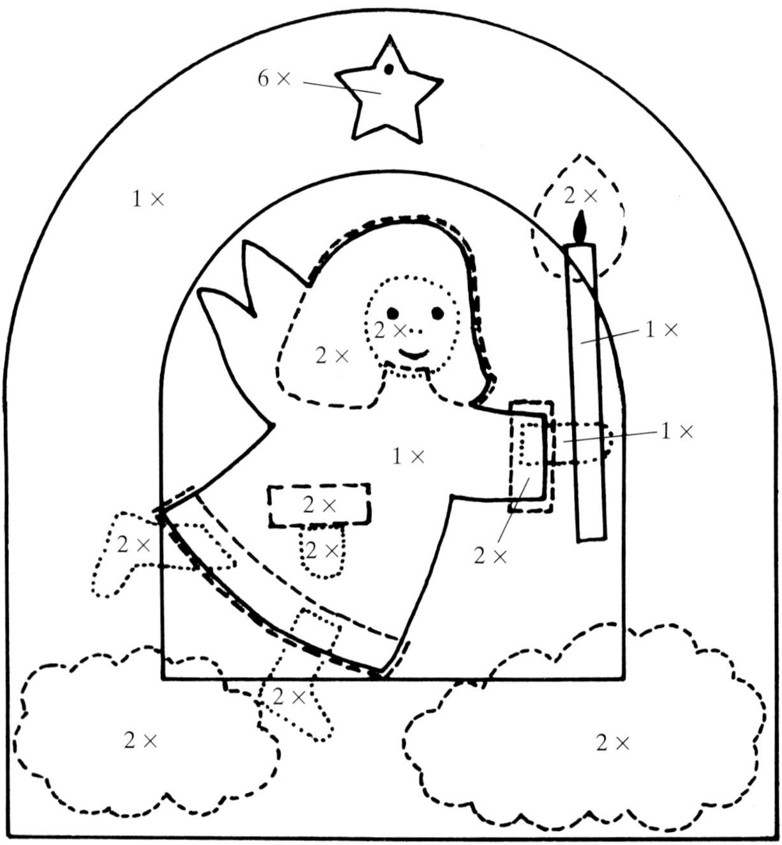

## Ein gern gesehener Gast

Zum Zusammenkleben alle Teile auf den Vorlagenbogen legen. Auf den Schlitten zunächst den roten Mantel (gestrichelte Linie) kleben. Die weißen Mantelsäume anbringen. Bevor das weiße Haar-Bartteil, mit dem nierenförmigen Gesichtsausschnitt, ebenfalls fixiert wird, werden mit schwarzem und rotem Filzstift Augen, Mund und Nase aufgemalt.
Am Schlitten und am linken Arm den Tannenbaum ankleben.
Auf der Rückseite das andere Baumteil und das zweite rote Mantelteil samt den weißen Mantelsäumen befestigen.
Abschließend auf der Vorderseite die mit Filzstift verzierten Päckchen anbringen.

## Schneebedeckte Kirche

Sämtliche Teile bis auf die Kirche doppelt ausschneiden. Auf die rote Kirche (durchgezogene Linie) zunächst beidseitig die Tore und Bogenfenster bündig mit der Unterkante aufkleben. Nun die weißen Scheeflächen (gestrichelte Linien) ebenfalls auf Vorder- und Rückseite paßgenau anbringen. Abschließend die grüne Kirchturmuhr befestigen.

## Winterlandschaft

Der blaue Rahmen schließt die Umrisse der Bäume, des Hauses und der Bodenfläche mit ein. Auf diesen Rahmen wird das Schneeteil geklebt.

Aus braunem Karton oder Tonpapier werden Haus, Kamin und Baumstämme ausgeschnitten und aufgeklebt. Abschließend den hellblauen Teich im Vordergrund fixieren.

## Winterwald bei Nacht

Auf den blauen Rahmen beidseitig die weißen Tannen sowie die Hasen, Mond und Sterne kleben. Den Kreisausschnitt am besten mit dem Zirkel ziehen.

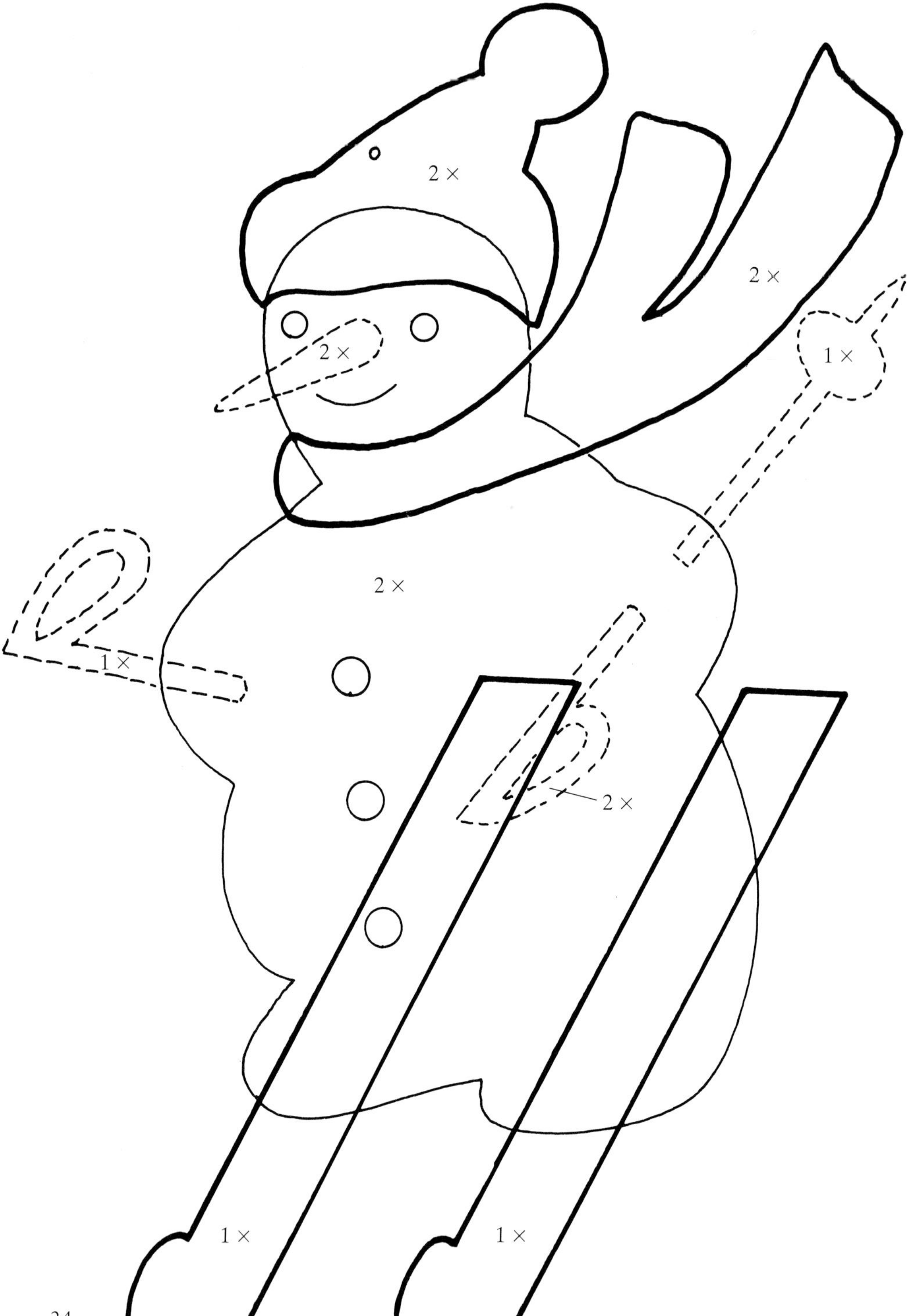
2 ×
2 ×
2 ×
1 ×
2 ×
1 ×
2 ×
1 ×
1 ×

## Hals- und Beinbruch

Am Schneemann werden von hinten die beiden parallelen Skier sowie die nach oben weisende Skistockspitze fixiert.
Von vorn Mütze, Schal, Nase, Augen, Knöpfe und die beiden Skistockenden mit den Lederriemen ankleben. Den Mund mit schwarzem Filzstift aufzeichnen.
Als Rückseite das andere Schneemannsteil, Mütze, Schal, etc. anbringen.

## Wenn's dem Weihnachtsmann zu wohl wird ....

Auf die Schneefläche die Eisfläche und den Hasen kleben. Die Tanne ebenfalls auf Vorder- und Rückseite anbringen. An vier Stellen werden grüne Teile aufgeklebt, die das Grün der Zweige andeuten.
Vom Weihnachtsmann zunächst nur die Vorderseite arbeiten.

Auf den roten Mantel das Haar-Bartteil samt Gesichtsausschnitt mit aufgemalten Augen, Nase und Mund kleben.
Die weißen Mantelsäume sowie den Mützenpompon ebenfalls von vorn aufkleben.
Von hinten die Schlittschuhe befestigen; jetzt darf der Weihnachtsmann auf's Eis!
Schließlich wird die Rückseite des Weihnachtsmannes genauso beklebt.

2 ×
2 ×
2 ×
2 ×
2 ×
2 ×
2 ×
2 ×

## Schneemann

Alle Teile, selbst den Rahmen, doppelt ausschneiden. Zwischen beide Rahmenteile eine transparente Folie (z.B. ein Stück Klarsichthülle) kleben. Zuerst die untere Schneefläche auf der Folie befestigen. Darauf den Schneemann, Hut samt Hutband, Besen und Krähe anbringen.

Augen, Nase, Knöpfe und Schneeflocken werden mit dem Locher ausgestanzt. Den Mund ausschneiden oder aufmalen.

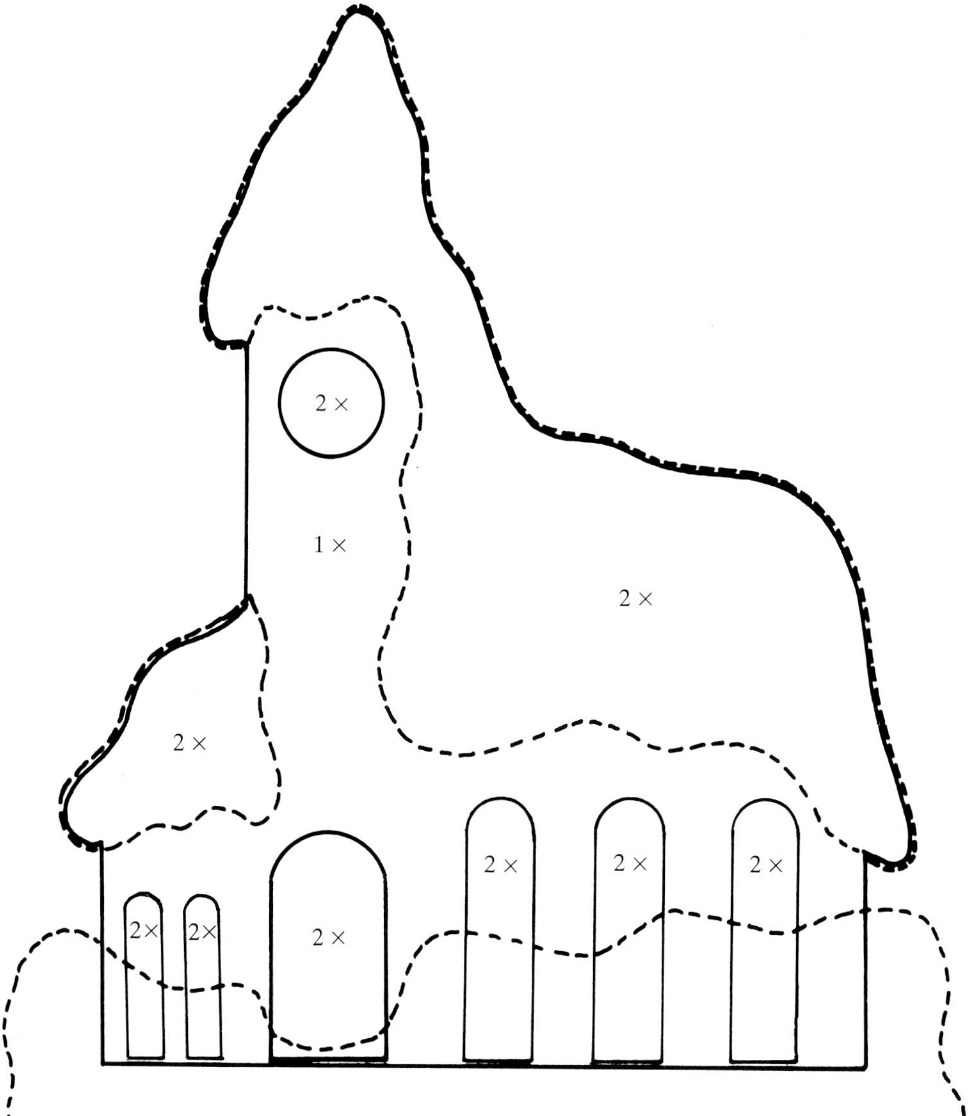
2 ×
1 ×
2 ×
2 ×
2 ×
2 ×
2 ×
2×
2×
2 ×
2 ×

## Eingeschneites Häuschen

Auf die roten Kartonquadrate der Fenster kleinere, weiße Quadrate als Fensterscheiben kleben. Die Fenster und die Tür auf der braunen Hauswand (durchgezogene Linie) fixieren. Nun können die Schneeflächen (gestrichelte Linien) angebracht werden. Auf die Rückseite in derselben Reihenfolge die restlichen Teile aufkleben.

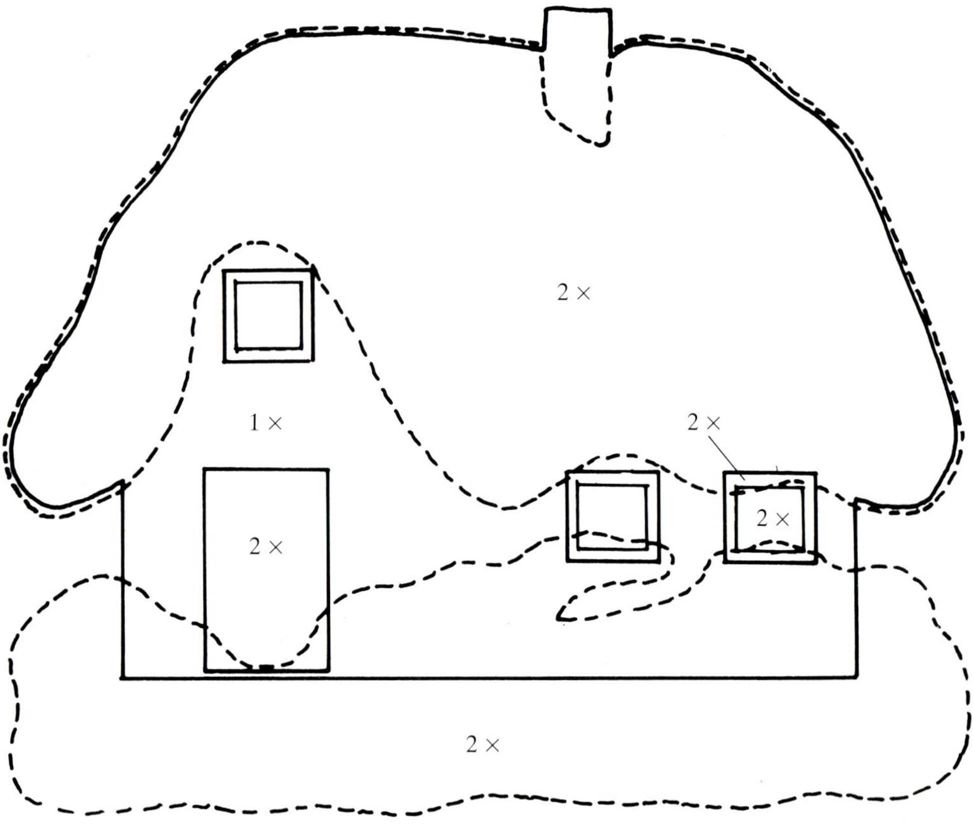